SAG HALLO!

Arbeitsbuch

Galina Eremenko

mit Illustrationen von Marina Eremenko

SCHUBERT Verlag

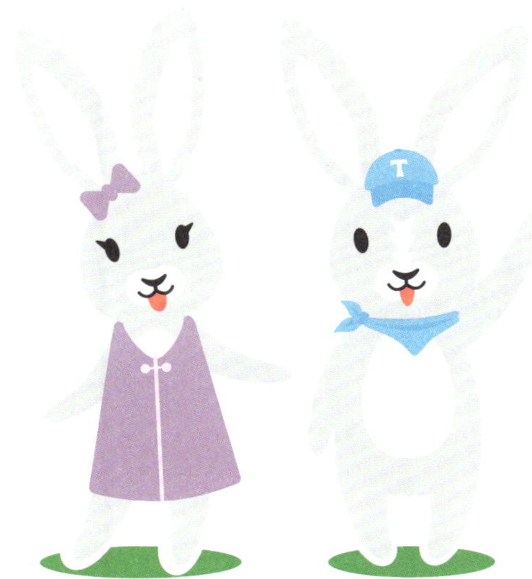

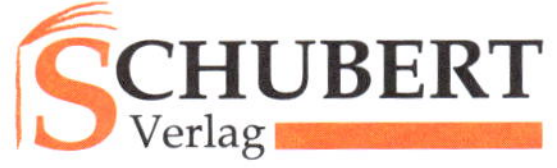

Redaktion: Ann-Katrin Röß, Hedwig Rebekka Siemionek
Illustration und Grafik: Marina Eremenko
Reinzeichnung: Regina Lang

1. Auflage 2022

Printed in Germany
www.sag-hallo.info
ISBN: 978-3-96915-040-5

Inhalt

Inhalt

Inhalt

1 Spure nach und schreibe.

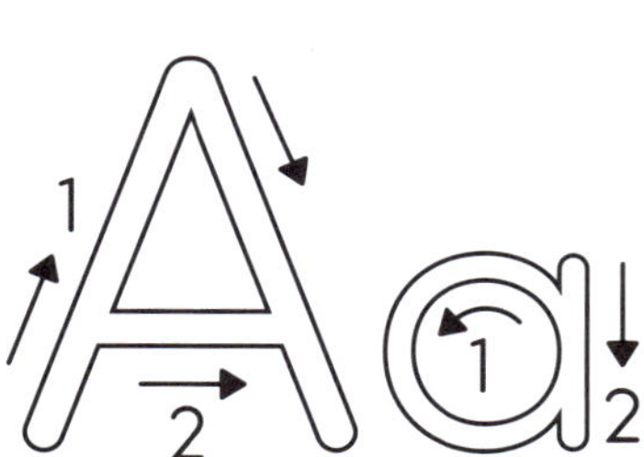

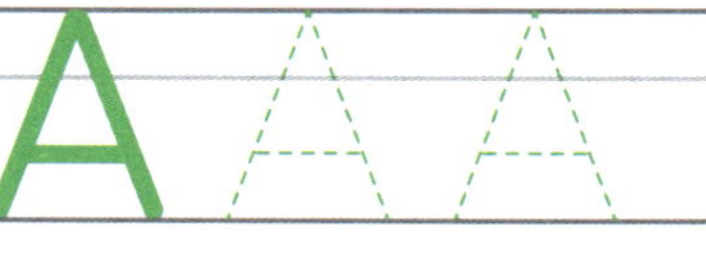

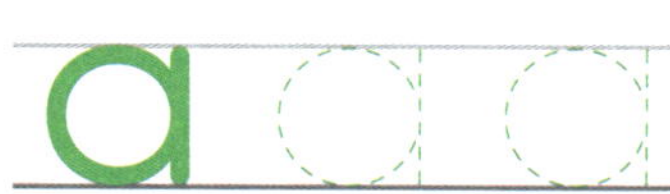

2 Male den Buchstaben A aus und rahme die Bilder ein.

Anni

der Affe

1 Spure nach und male aus.

Anni

der Affe

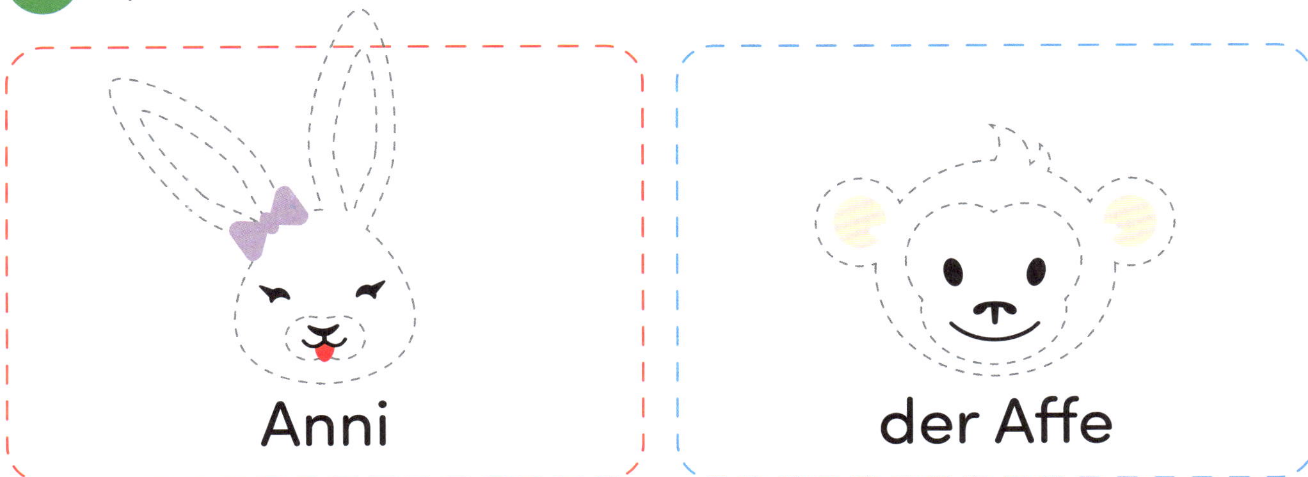

2 Folge dem Buchstaben Aa.

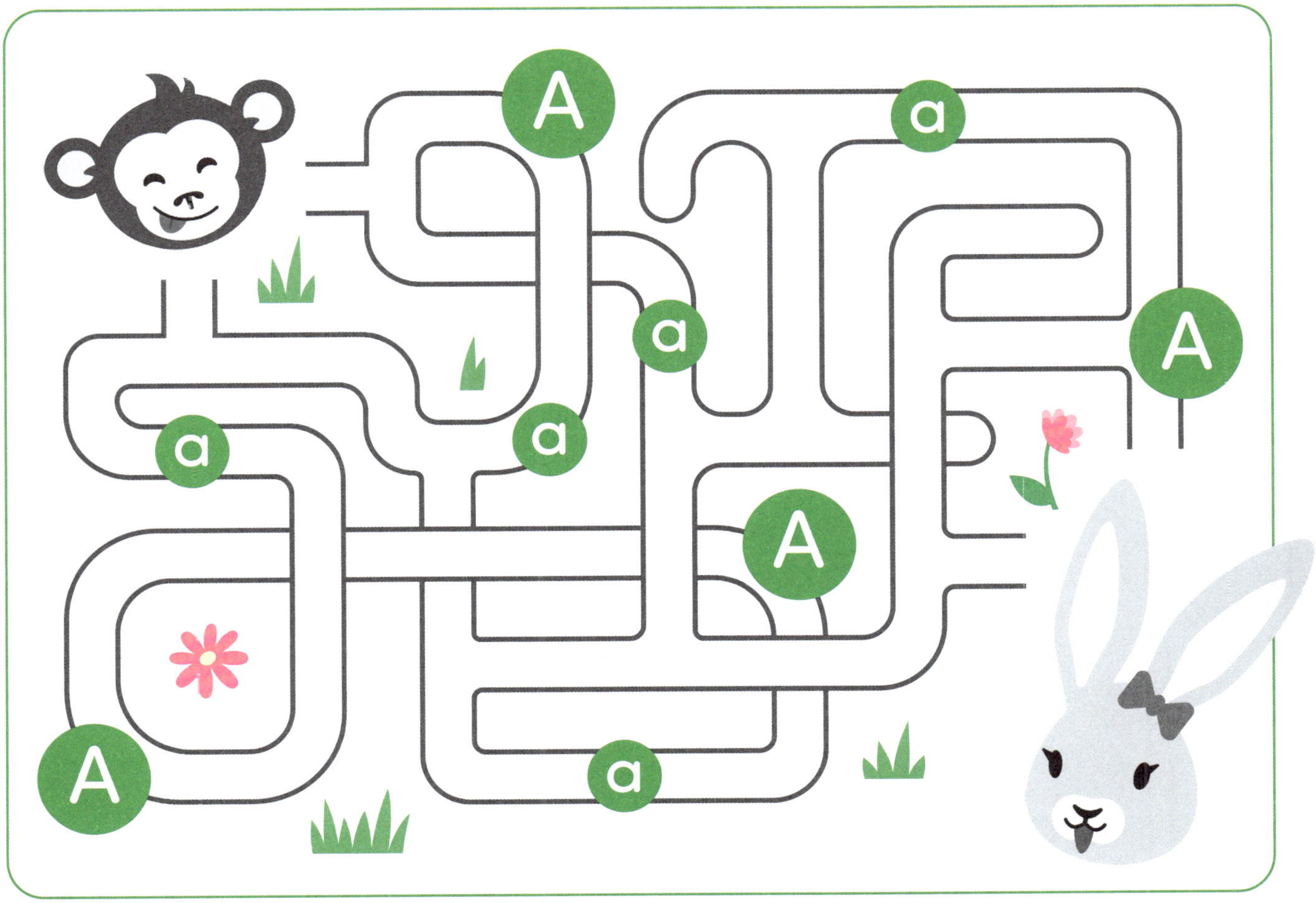

1 Spure nach und schreibe.

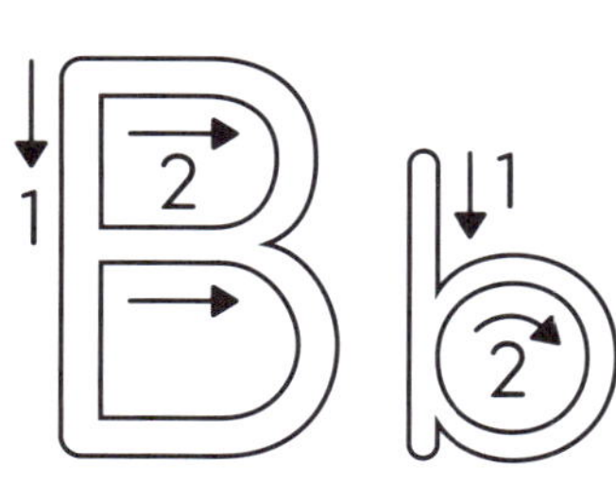
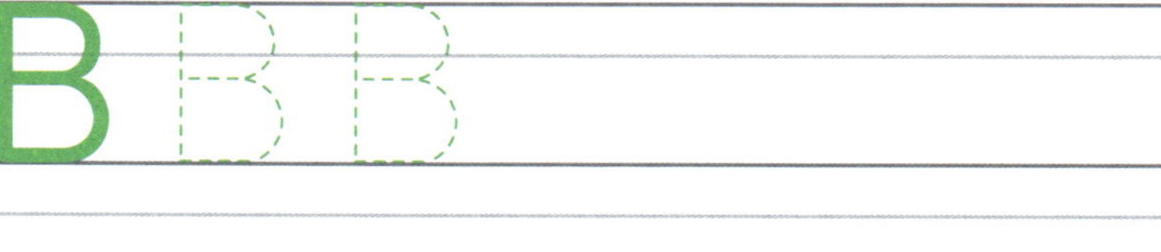

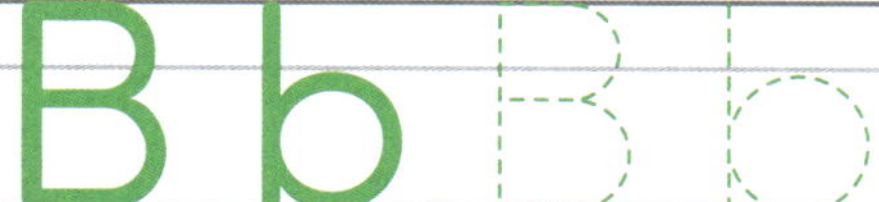

2 Male den Buchstaben B aus und rahme die Bilder ein.

das Buch

1 Kreise Aa und Bb ein.

Aa a B A b B A b a A b B a

Bb A b a B b A a B a B A b

2 Verbinde die Bilder und die Buchstaben.

3 Verbinde die Buchstaben.

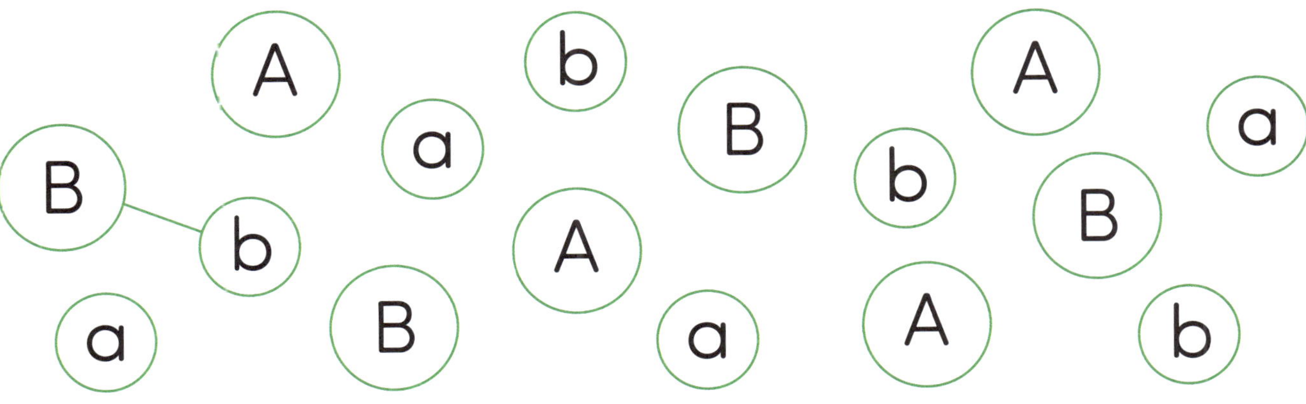

1 Spure nach und schreibe.

2 Male den Buchstaben C aus und rahme die Bilder ein.

1 Verbinde die Bilder und die Buchstaben.

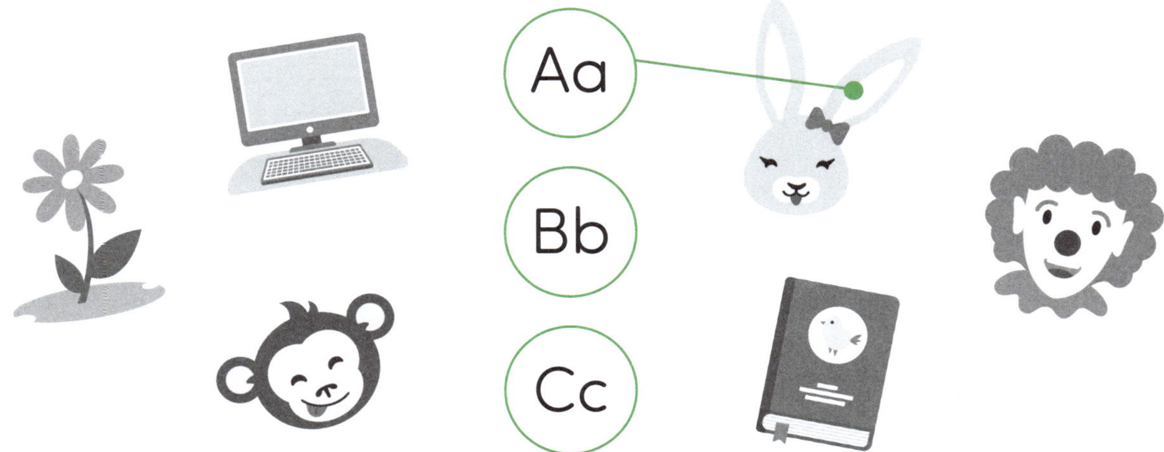

2 Kreise ABC und abc ein.

ABC ABCACBABCCABABC

abc acabccbabcbcaabca

3 Verbinde die Buchstaben.

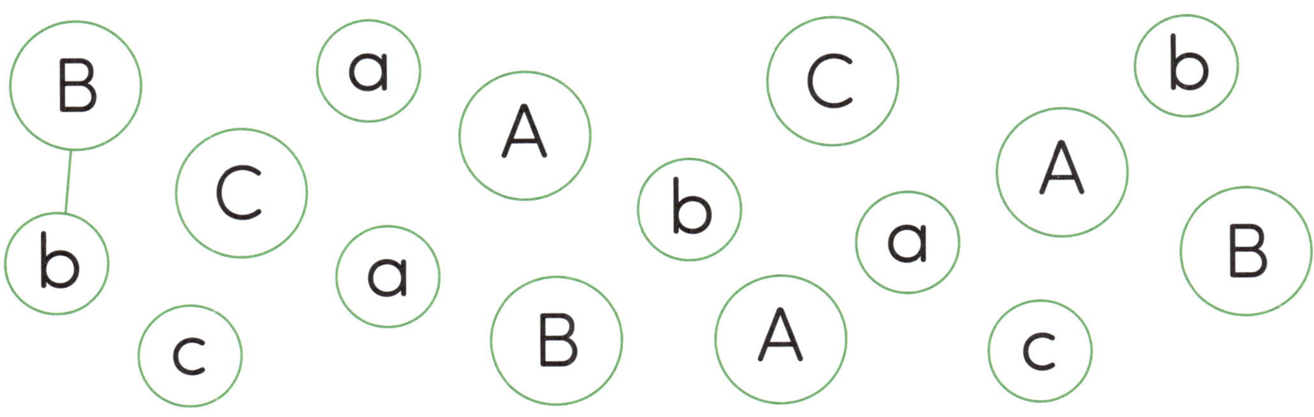

1 Spure nach und schreibe.

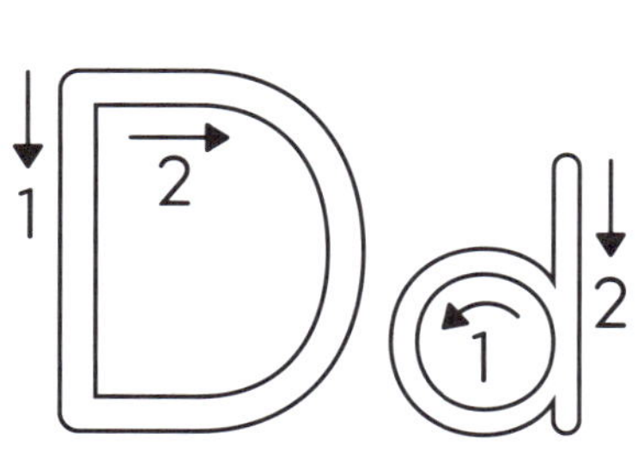
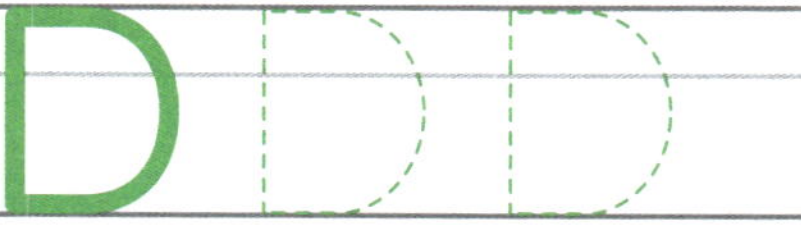
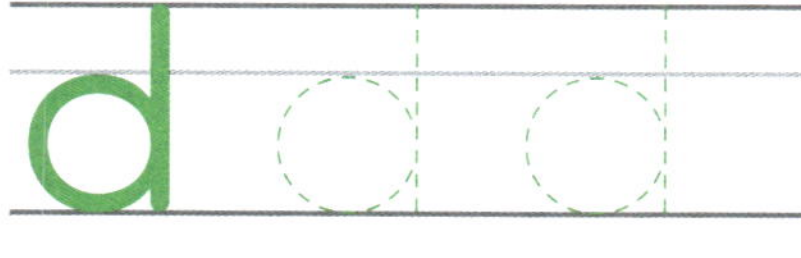

D d

D d

2 Male den Buchstaben Dd aus und rahme die Bilder ein.

3 Zeichne deine Familie.

1 Kreise Dd ein.

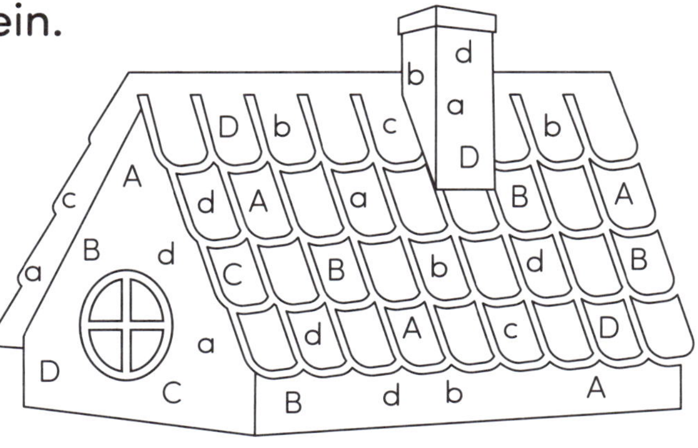

2 Schreibe b, d und zeichne → oder ←.

B → b
D ← d

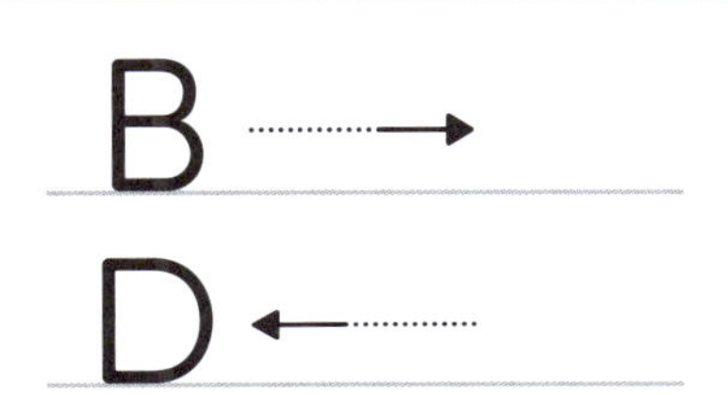

B —
D —

MEINE FAMILIE

3 Schreibe.

cbad DABC

a A

b B

c C

d D

1 Spure nach und schreibe.

2 Male den Buchstaben Ee aus und rahme die Bilder ein.

1 Male alle Felder mit Ee aus.

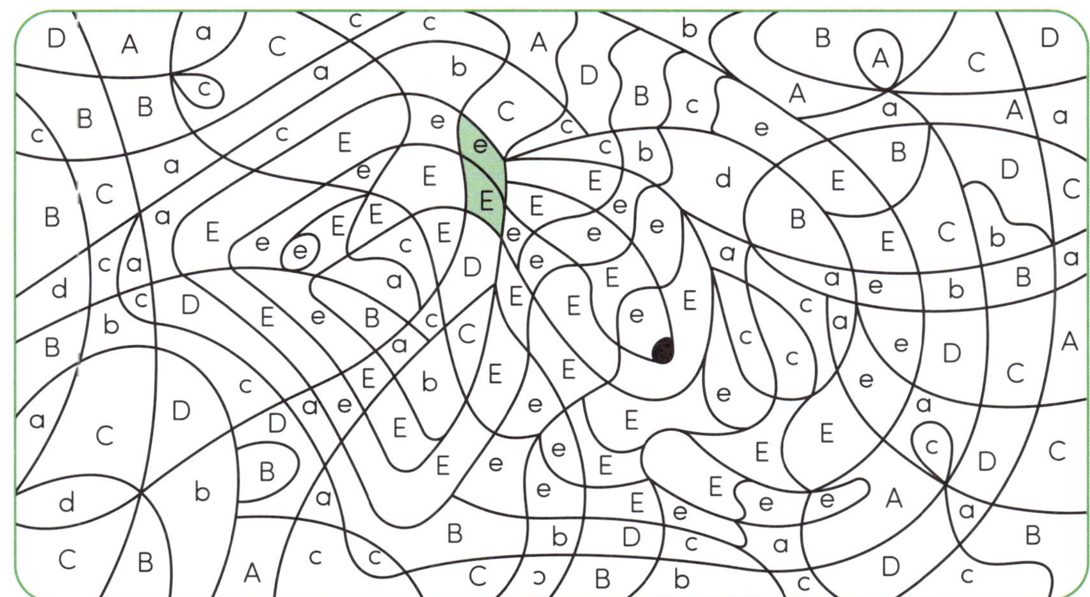

2 Lies.

Bb

Ab ········ Eb
Ba ········ Be
ab ········ eb
ba ········ be

Dd

Ad ········ Ed
Da ········ De
ad ········ ed
da ········ de

Bb / Dd

Ab ········ Eb ········ Ad ········ Ed
Ba ········ Be ········ Da ········ De
ab ········ eb ········ ad ········ ed
ba ········ be ········ da ········ de

3 Schreibe.

A a B __ C __ D __ E __

    c

1 Spure nach und schreibe.

2 Male den Buchstaben F aus und rahme die Bilder ein.

1 Verbinde die Bilder und die Buchstaben.

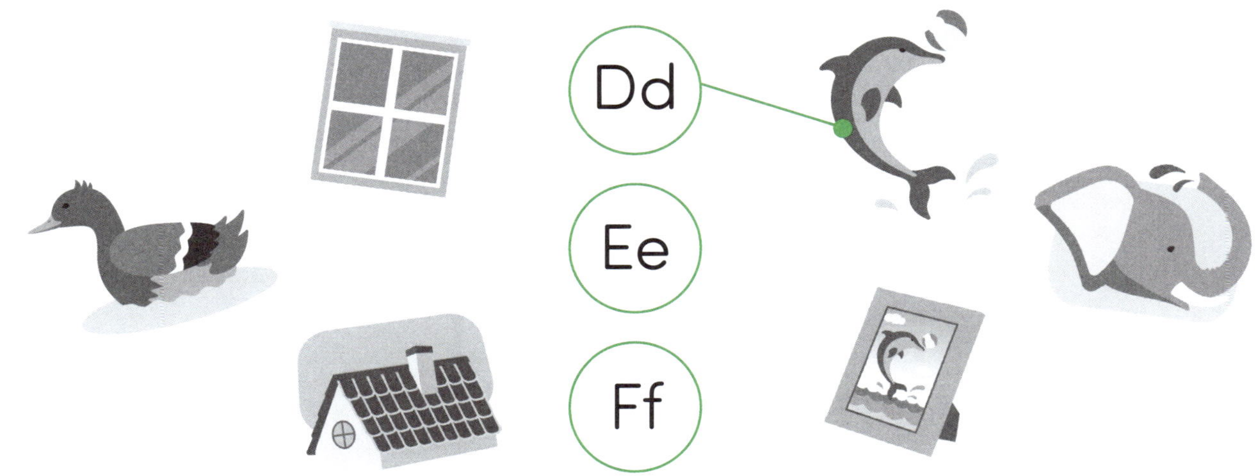

2 Lies.

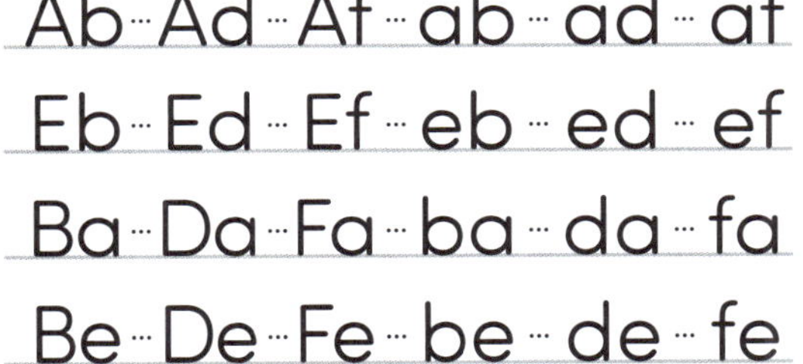

Ab - Ad - Af - ab - ad - af
Eb - Ed - Ef - eb - ed - ef
Ba - Da - Fa - ba - da - fa
Be - De - Fe - be - de - fe

3 Lies und verbinde.

Abbe Adde

Effe Affe

4 Verbinde die Buchstaben.

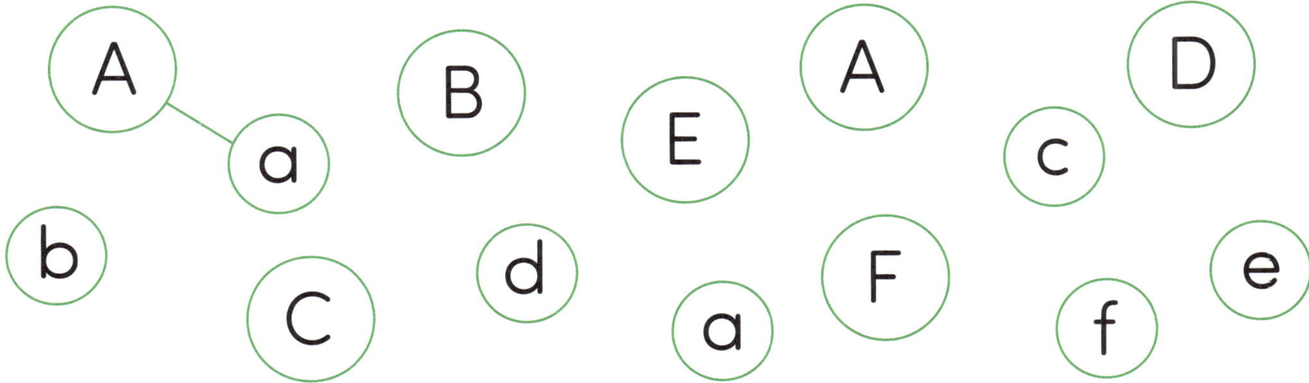

1 Spure nach und schreibe.

2 Male den Buchstaben G aus und rahme die Bilder ein.

1 Kreise Gg ein.

2 Kreise ein.

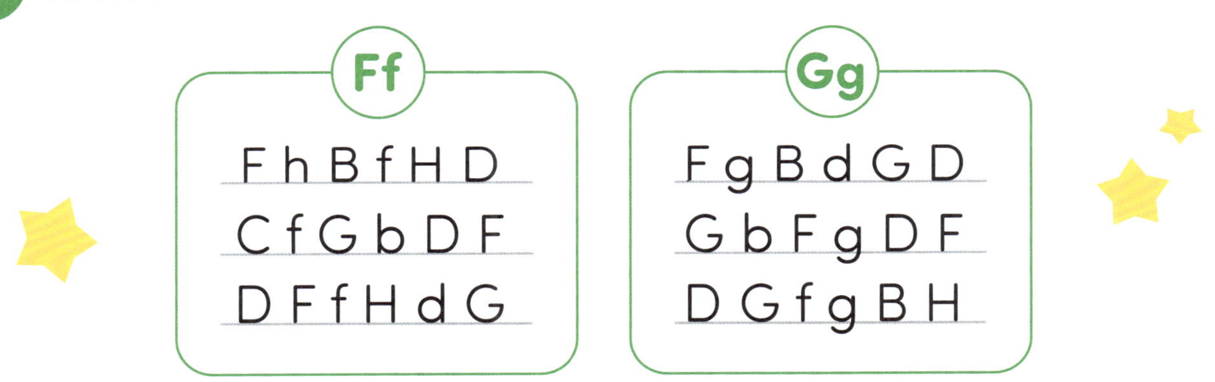

3 Kreise ein und schreibe.

1 Spure nach und schreibe.

2 Male den Buchstaben H aus und rahme die Bilder ein.

1 Male alle Felder mit Hh aus.

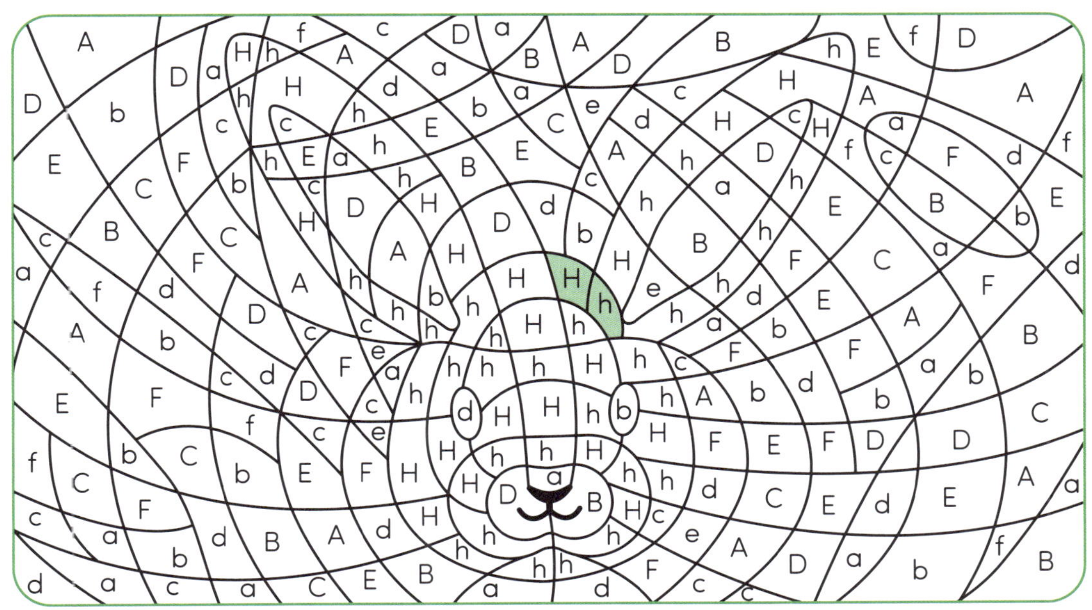

2 Schreibe.

___ aus   ___ emd   Da ___   Bu ___

3 Schreibe.

A a B ___ C ___ D ___ E ___ F ___ G ___ H ___

f a g d c h b e

1 Spure nach und schreibe.

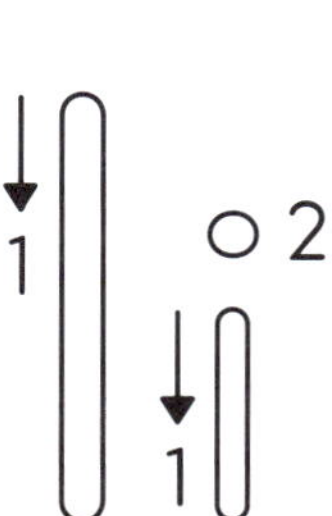

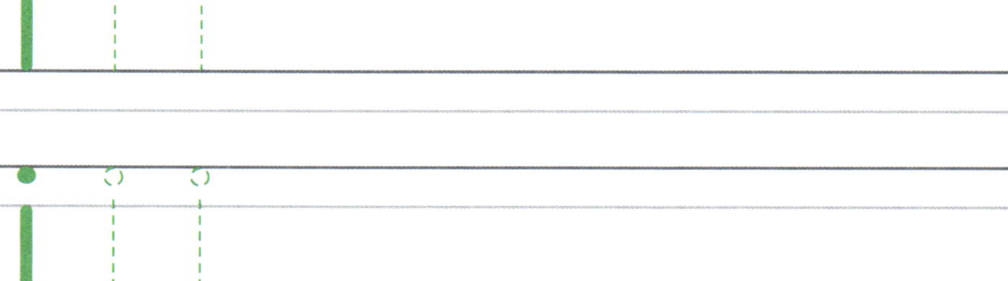

2 Male den Buchstaben I aus und rahme die Bilder ein.

1 Verbinde die Bilder und die Buchstaben.

2 Lies das ABC.

A B C	a b c
D E F	d e f
G H I	g h i

3 Lies.

Ba - Be - Bi - ba - be - bi
Da - De - Di - da - de - di
Fa - Fe - Fi - fa - fe - fi
Ga - Ge - Gi - ga - ge - gi
Ha - He - Hi - ha - he - hi

4 Folge dem abc und male aus.

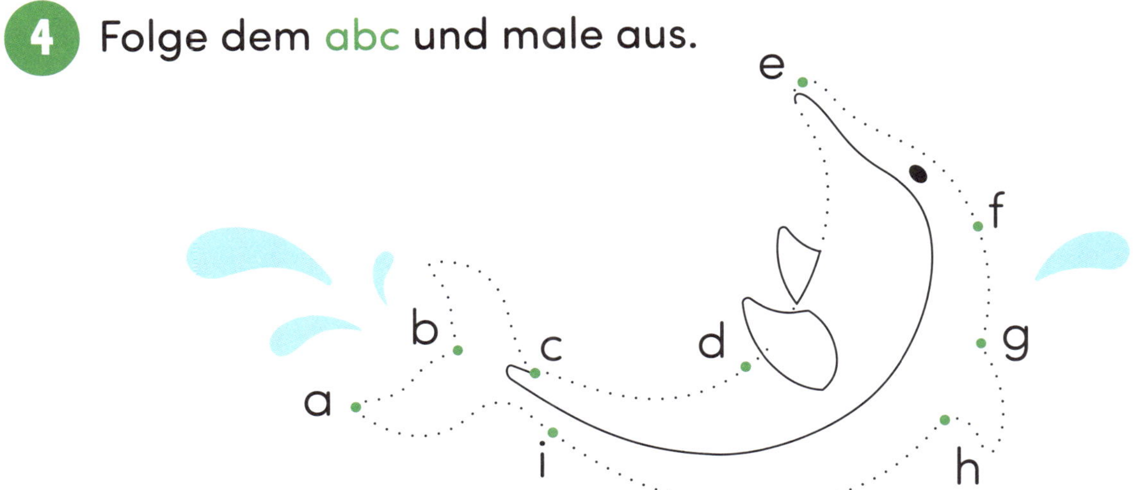

1 Spure nach und schreibe.

2 Male den Buchstaben J aus und rahme die Bilder ein.

1 Male alle Felder mit Jj aus.

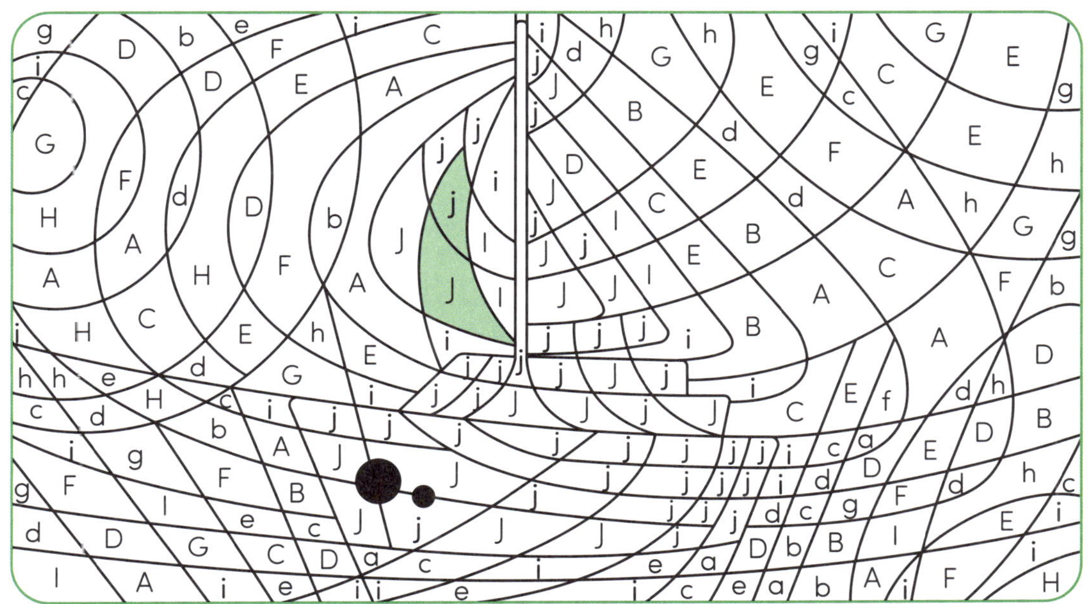

2 Verbinde und schreibe.

3 Verbinde die Buchstaben.

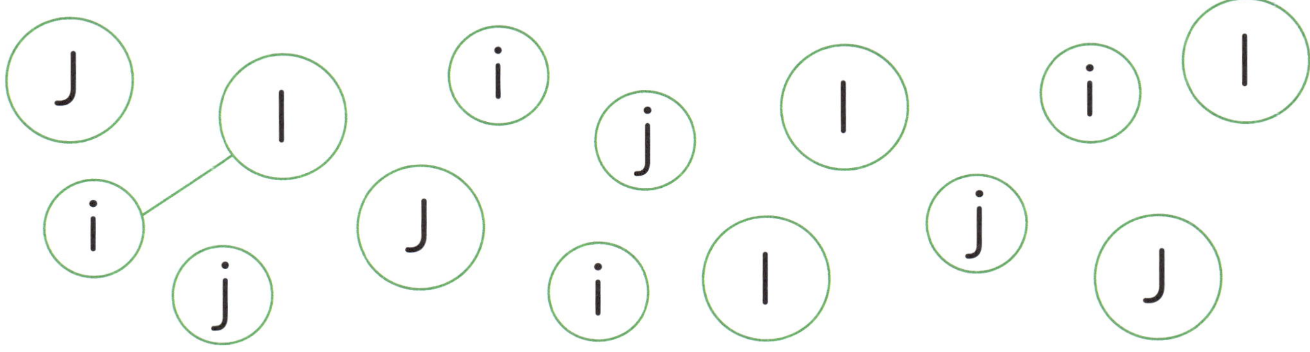

1 Spure nach und schreibe.

2 Male den Buchstaben K aus und rahme die Bilder ein.

1 Male nach Buchstaben aus.

2 Lies das ABC.

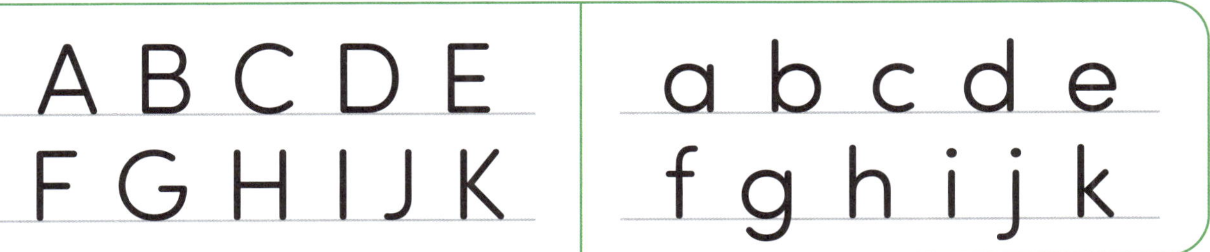

3 Kreise ein und schreibe.

1 Spure nach und schreibe.

2 Male den Buchstaben Ll aus und rahme die Bilder ein.

1 Verbinde die Bilder und die Buchstaben.

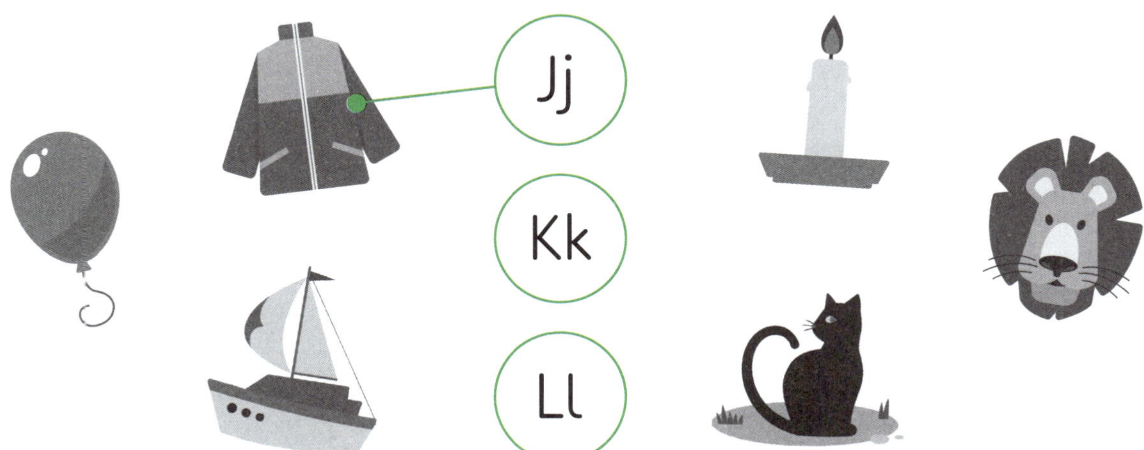

2 Lies.

Ba - Be - Bi - ba - be - bi
Da - De - Di - da - de - di
Fa - Fe - Fi - fa - fe - fi
Ga - Ge - Gi - ga - ge - gi

Ha - He - Hi - ha - he - hi
Ka - Ke - Ki - ka - ke - ki
La - Le - Li - la - le - li

3 Schreibe.

A a B __ C __ D __ E __ F __ G __ H __

f a i b h c j e k g l d

I __ J __ K __ L __

1 Spure nach und schreibe.

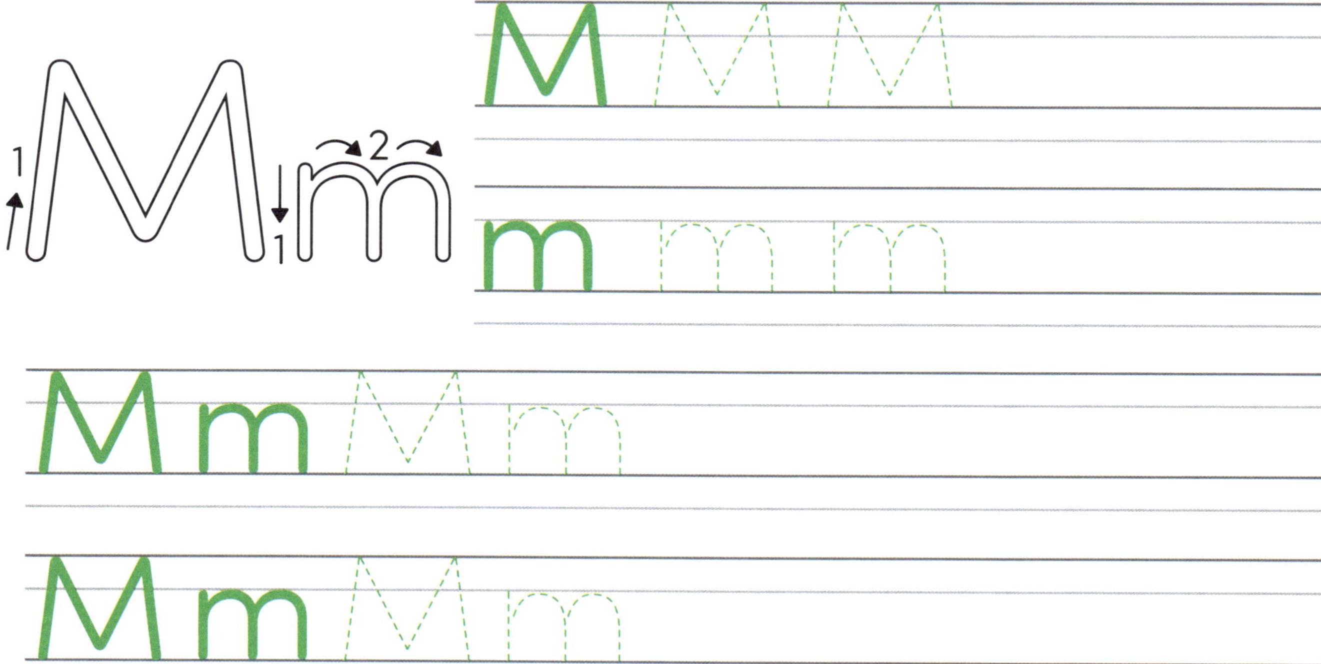

2 Male den Buchstaben M aus und rahme die Bilder ein.

1 Male den Buchstaben Mm aus.

E m a M m E m M e
a M A A e E e A
a M A E A E M A m A
m E e E m E a e m A a
E M e A a A m E M e
E A a A A
e e m a M m A e a A

2 Lies und verbinde.

Amma Emma

Emmi Ella

3 Lies.

Ka - Ke - Ki   ki - ka - ke   ek - ak - ik
La - Le - Li   li - la - le   el - al - il
Ma - Me - Mi   mi - ma - me   em - am - im

1 Spure nach und schreibe.

2 Male den Buchstaben Nn aus und rahme die Bilder ein.

1 Male nach Zahlen aus.

2 Verbinde und schreibe.

3 Kreise ein.

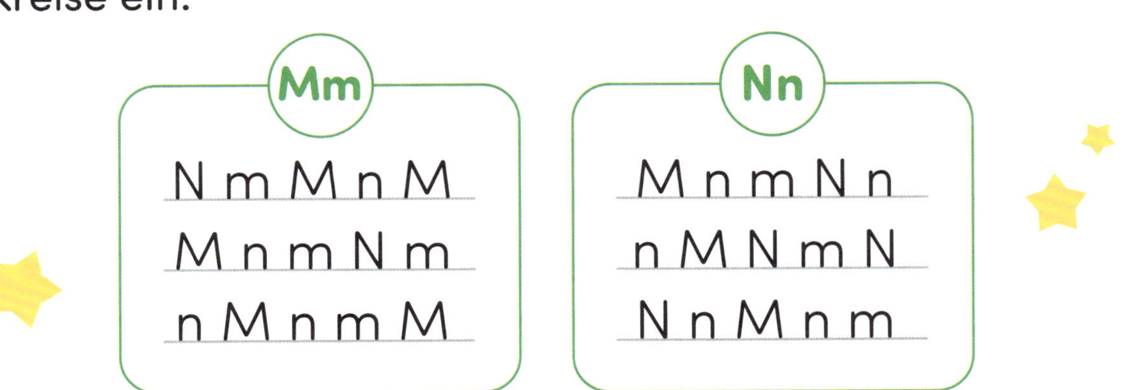

1 Spure nach und schreibe.

2 Male den Buchstaben O aus und rahme die Bilder ein.

1 Verbinde die Bilder und die Buchstaben.

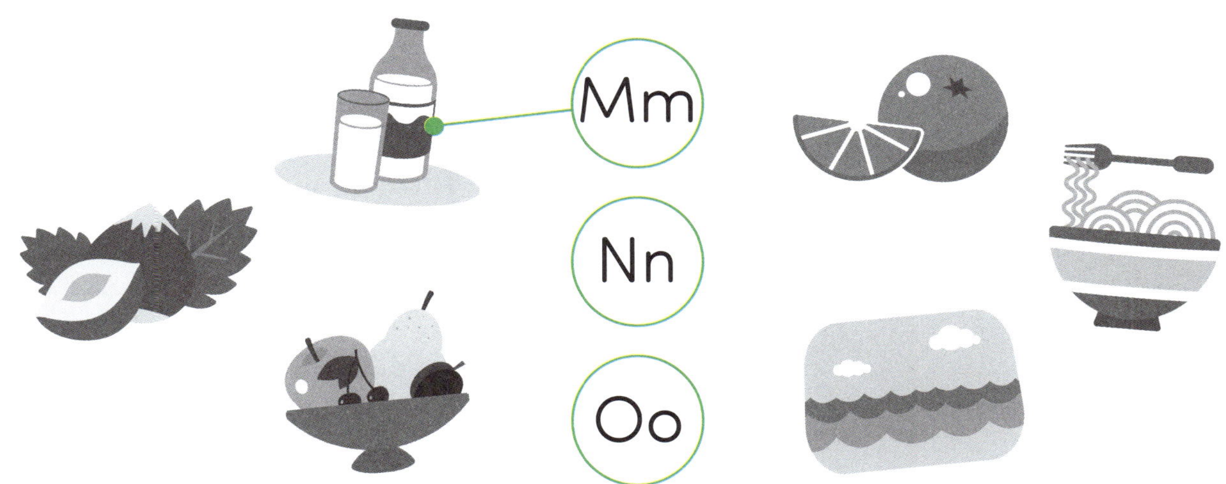

2 Vervollständige das ABC.

A ___ C D ___ F ___ H I ___ K L ___ ___ O

a b ___ ___ e ___ g ___ ___ j ___ ___ m n ___

3 Lies und verbinde.

Benno | Emma | Niki | Anni

1 Spure nach und schreibe.

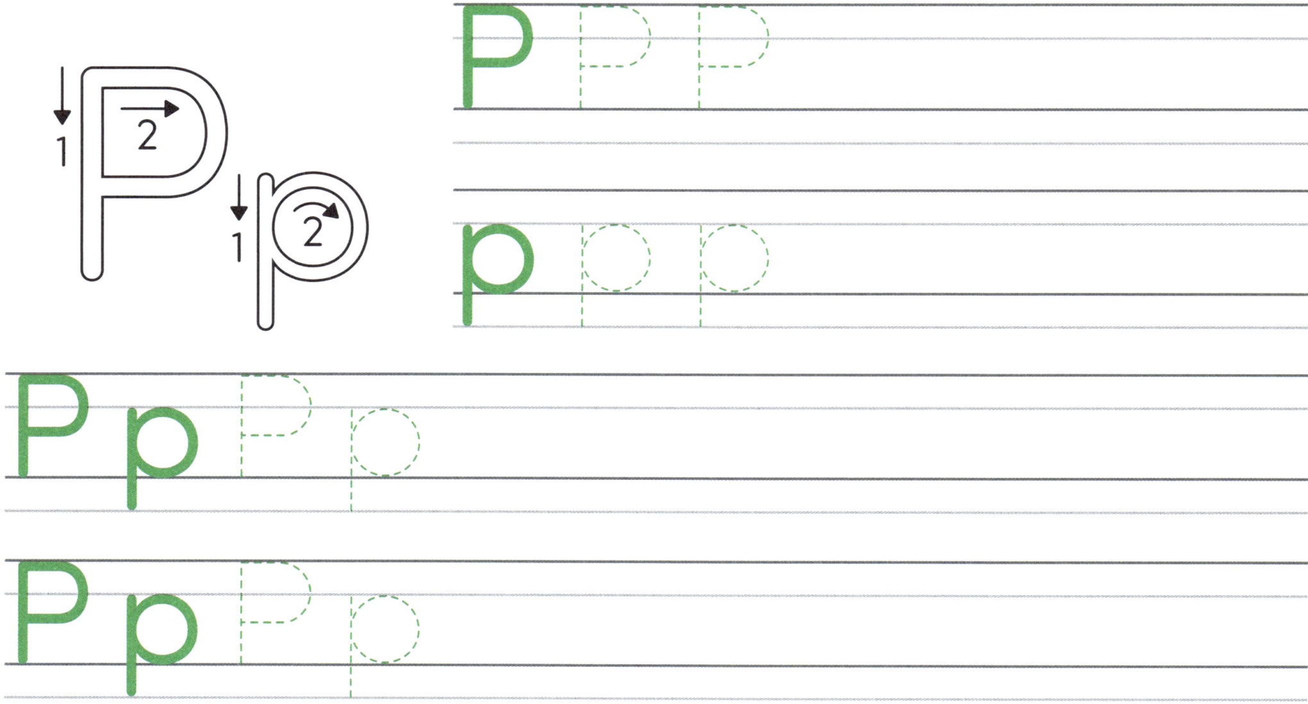

2 Male den Buchstaben Pp aus und rahme die Bilder ein.

1 Male nach Buchstaben aus.

2 Nenne die Wörter und schreibe die Buchstaben.

1 Spure nach und schreibe.

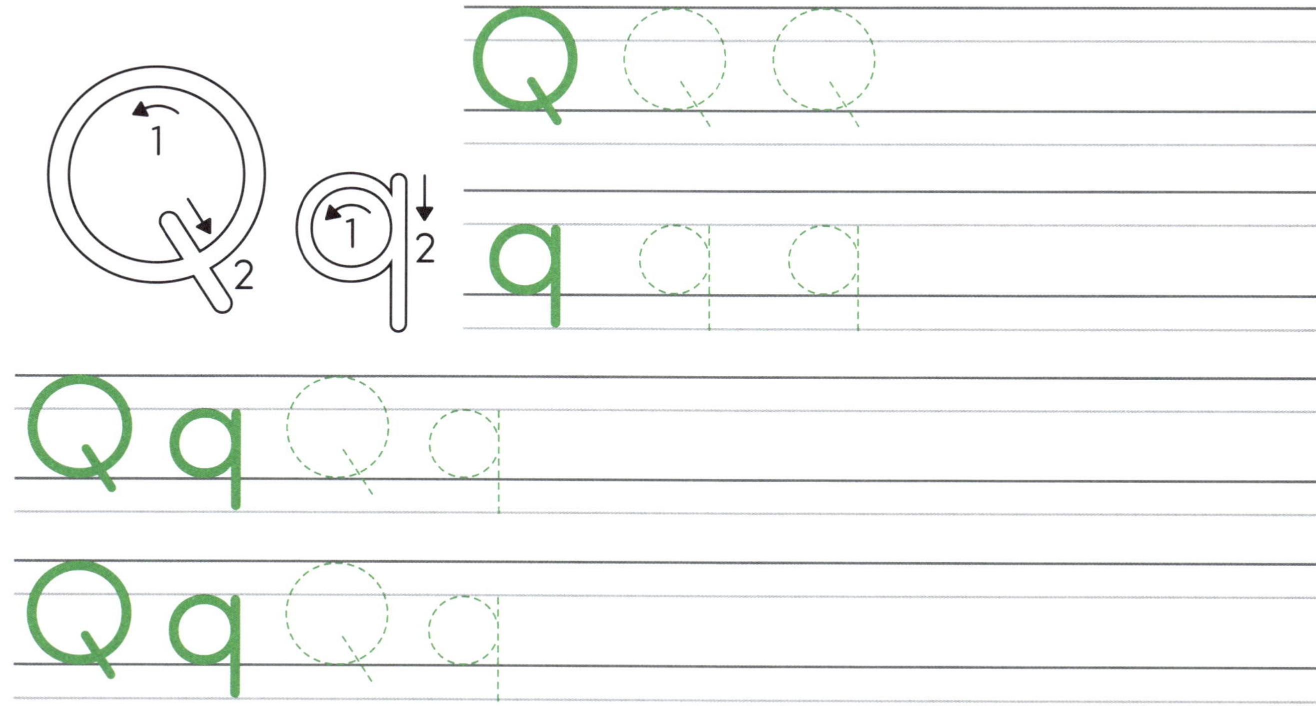

2 Male den Buchstaben Q aus und rahme die Bilder ein.

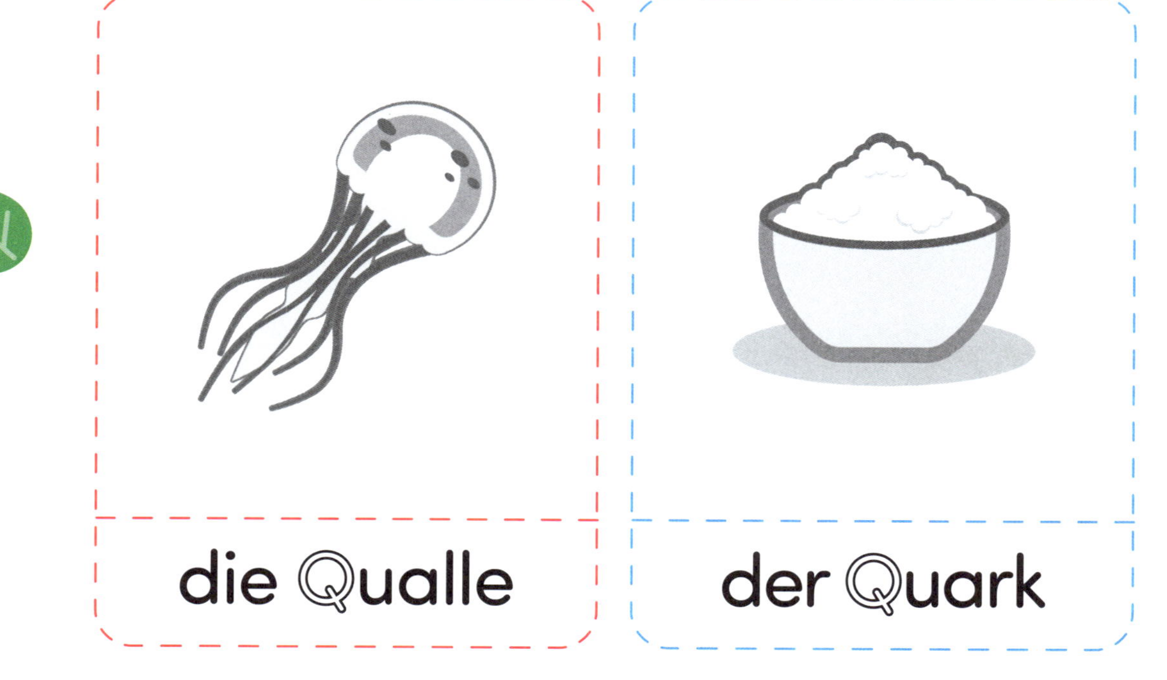

1 Kreise ein.

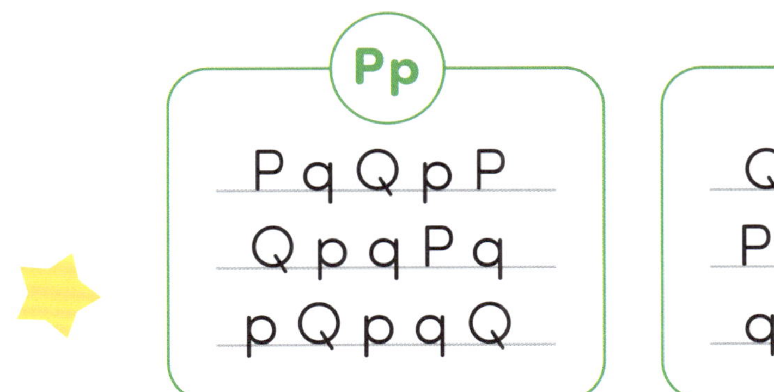

Qq

Q p q P q

P q Q p Q

q P Q q p

2 Vervollständige das ABC.

A B ___ ___ E ___ G ___ I J ___ ___ M N ___ P ___

___ ___ c d ___ f ___ h ___ ___ k l ___ ___ o ___ q

3 Spure nach, zähle und schreibe die Zahlen.

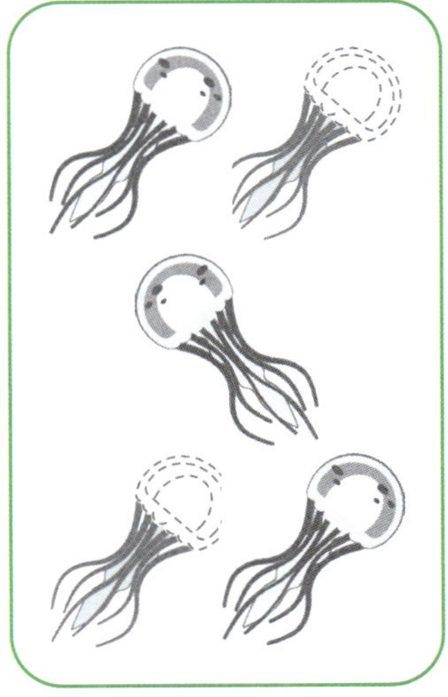

___ ___ ___ ___

1 Spure nach und schreibe.

2 Male den Buchstaben R aus und rahme die Bilder ein.

1 Verbinde die Bilder und die Buchstaben.

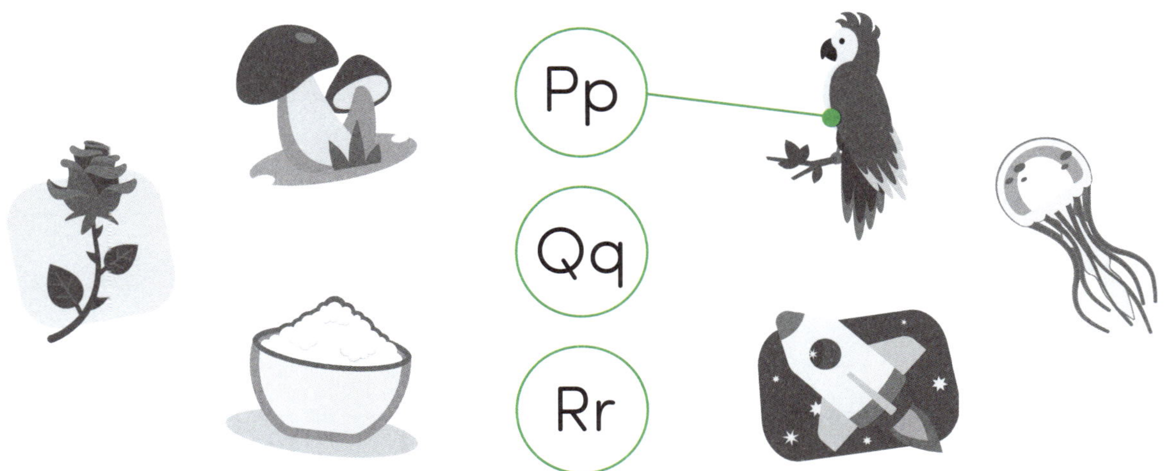

2 Zähle und schreibe die Zahlen.

1 Spure nach und schreibe.

S s

S s

2 Male den Buchstaben S aus und rahme die Bilder ein.

der See

die Sonne

1 Spure den Buchstaben Ss nach.

2 Lies.

La · Le · Li · Lo · la · le · li · lo	Pa · Pe · Pi · Po · pa · pe · pi · po
Ma · Me · Mi · Mo · ma · me · mi · mo	Ra · Re · Ri · Ro · ra · re · ri · ro
Na · Ne · Ni · No · na · ne · ni · no	Sa · Se · Si · So · sa · se · si · so

3 Schreibe die Wörter.

e o n S n

e S e

s R o e

a r G s

1 Spure nach und schreibe.

2 Male den Buchstaben ß aus und rahme die Bilder ein.

1 Male die Buchstaben aus.

S s ß S S ß s S s S ß
s ß S ß s s ß S ß s ß
ß s S ß s S s ß S S S
s S ß S S ß S s s ß s

2 Verbinde und schreibe.

Ss ______________________________

ß ______________________________

3 Ergänze die Buchstaben und verbinde.

__ee Fu__ball Stra__e __onne

1 Spure nach und schreibe.

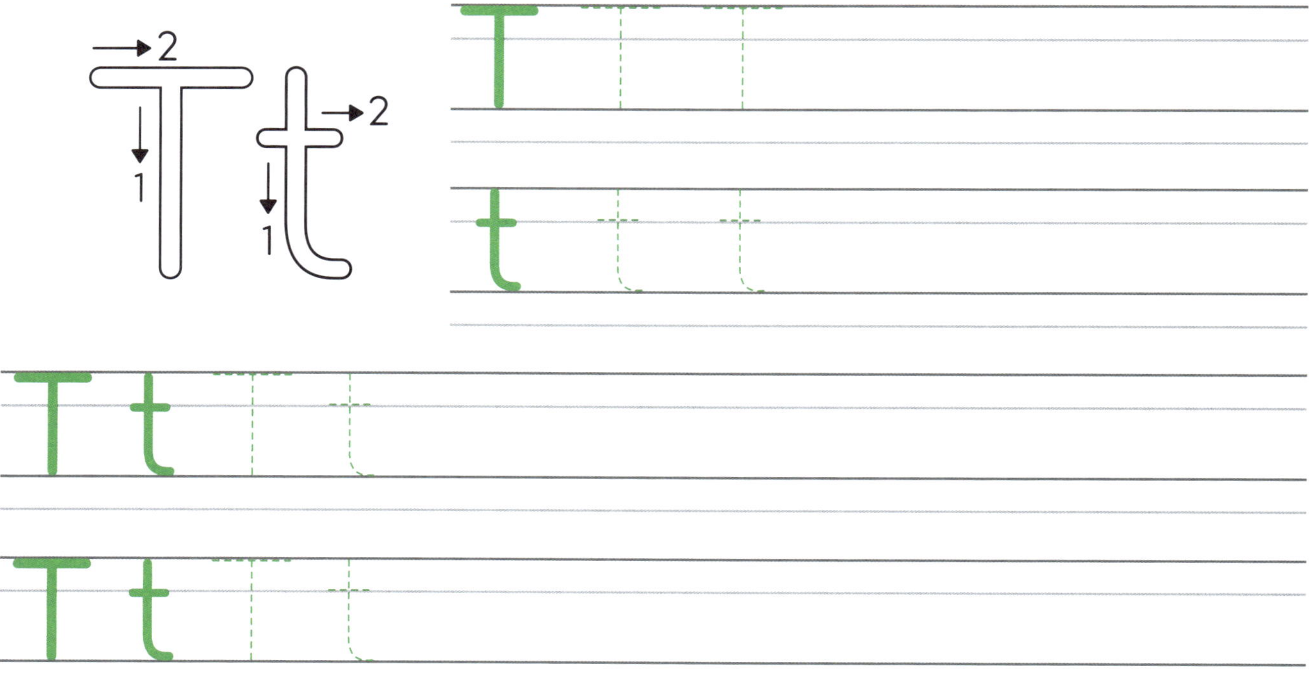

2 Male den Buchstaben T aus und rahme die Bilder ein.

1 Verbinde die Bilder und die Buchstaben.

2 Lies und vervollständige das ABC.

A B C D E F G H I J K L M N O P Q R S T

a _ _ _ _ _ _ _ _ _ k _ _ _ _ _ _ _ _ _

3 Ergänze die Buchstaben und rahme die Bilder rot oder blau ein.

S _ _ e   _ _ r _ ße   _ a _ _ e   T _ g _ _

1 Spure nach und schreibe.

2 Male den Buchstaben Uu aus und rahme die Bilder ein.

1 Finde 7 Unterschiede.

2 Zeichne deine Uhr.

3 Ergänze die Buchstaben Aa, e, i, o, u und rahme die Bilder rot, blau oder grün ein.

M__r

H_nd

B_ch

G_r_ff_

_ff_

F_ßb_ll

N_d_ln

T_g_r

1 Spure nach und schreibe.

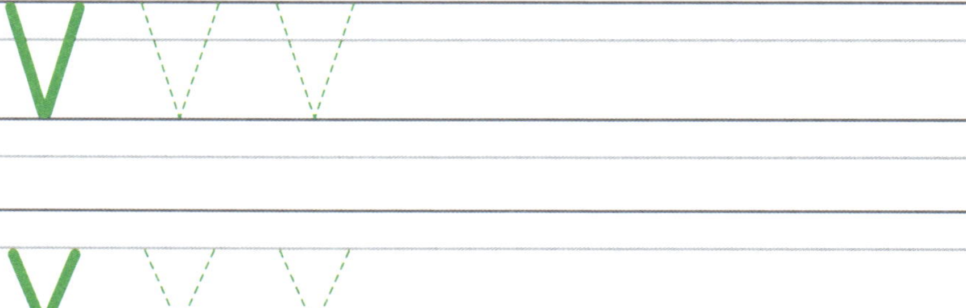

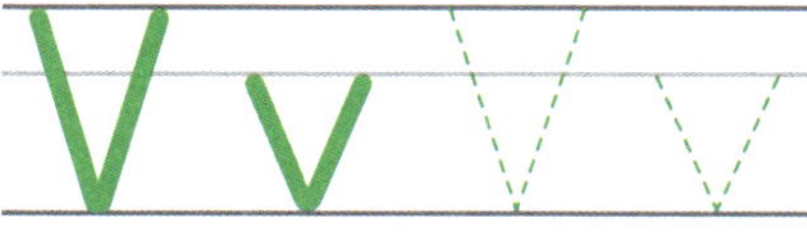

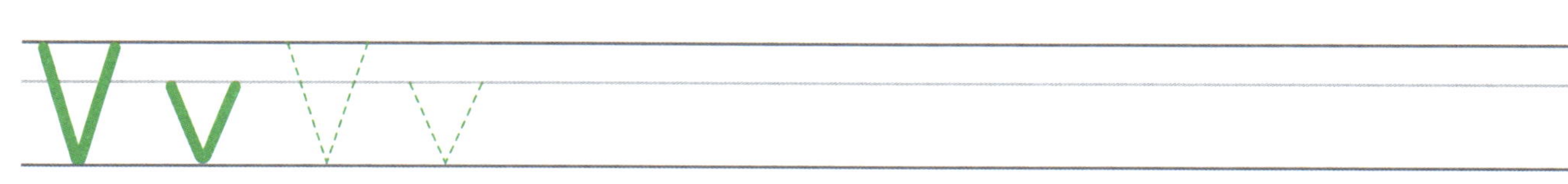

2 Male den Buchstaben V aus und rahme die Bilder ein.

die Vase

der Vogel

1 Spure nach und kreise Vv ein.

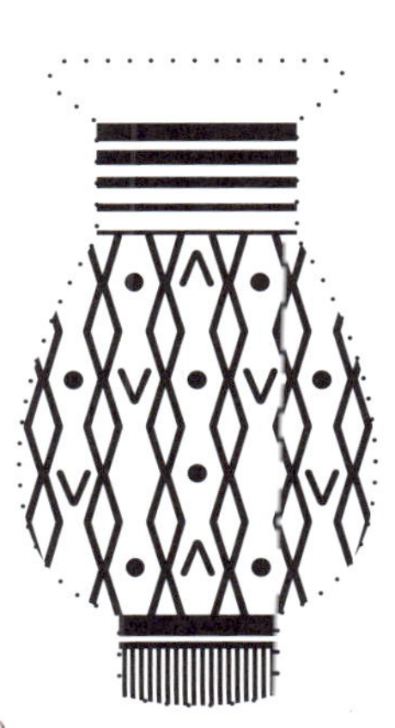

2 Verbinde und rahme die Bilder rot oder blau ein.

Blu

me

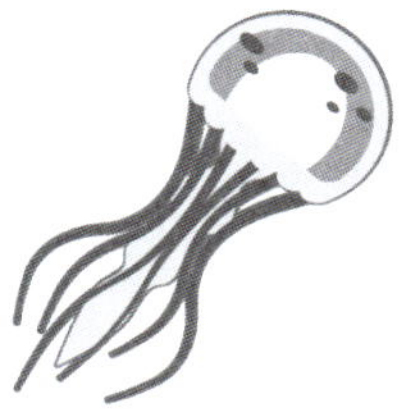

le

fe

Af

ne

Qual

Va

se

gel

Vo

Tan

1 Spure nach und schreibe.

2 Male den Buchstaben W aus und rahme die Bilder ein.

1 Verbinde die Bilder und die Buchstaben.

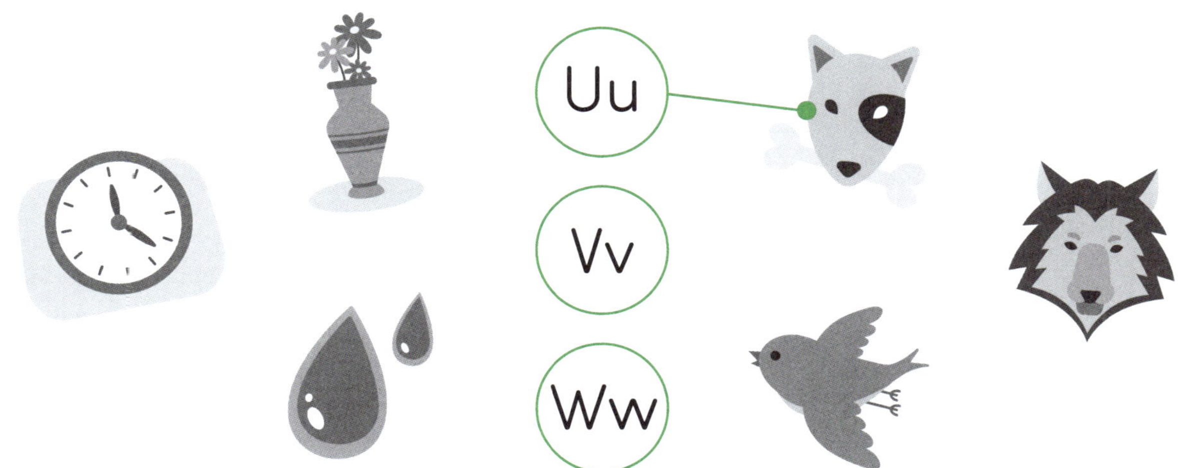

2 Lies das ABC.

A B C D E F G H I J K L	a b c d e f g h i j k l
M N O P Q R S T U V W	m n o p q r s t u v w

3 Löse das Kreuzworträtsel.

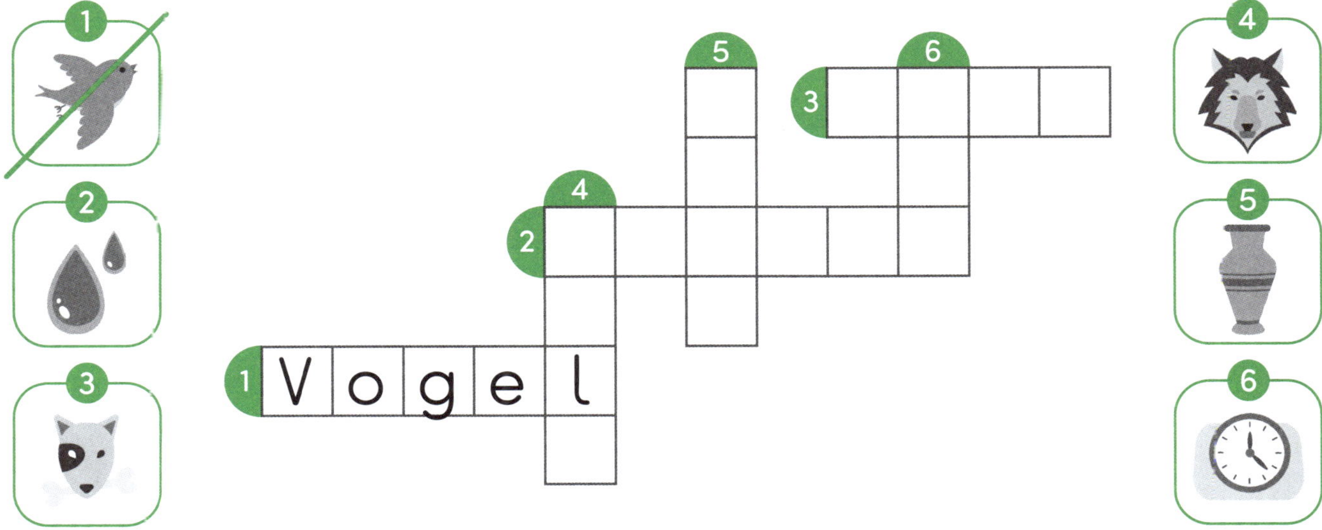

1 Spure nach und schreibe.

2 Male den Buchstaben Xx aus und rahme die Bilder ein.

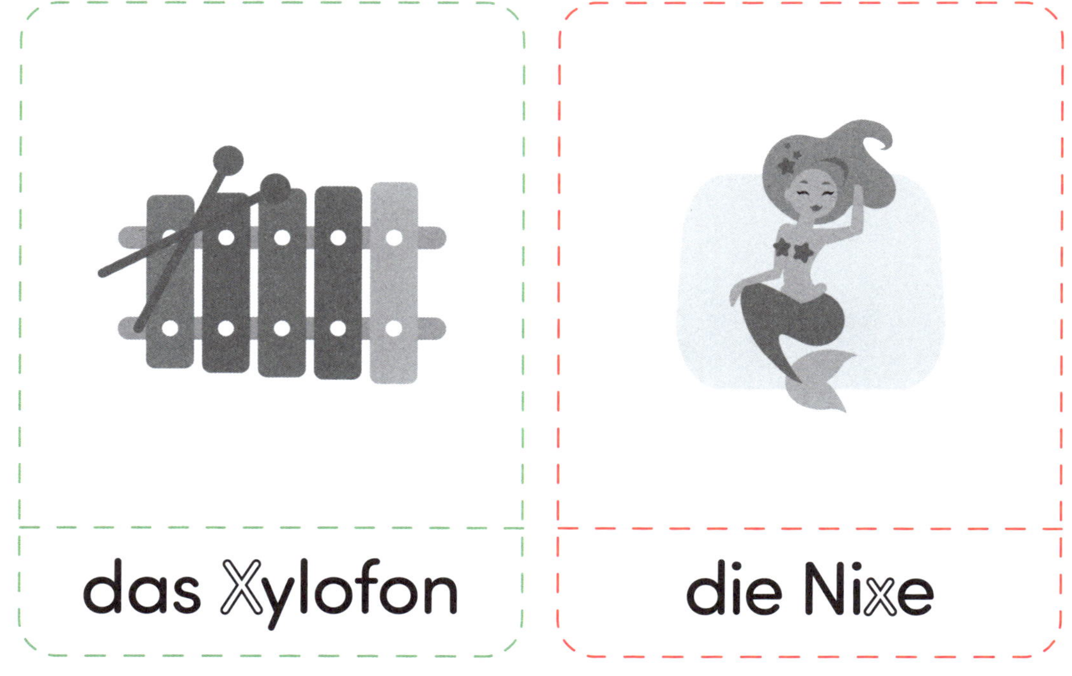

das Xylofon

die Nixe

1 Male nach Buchstaben aus.

2 Schreibe die Wörter.

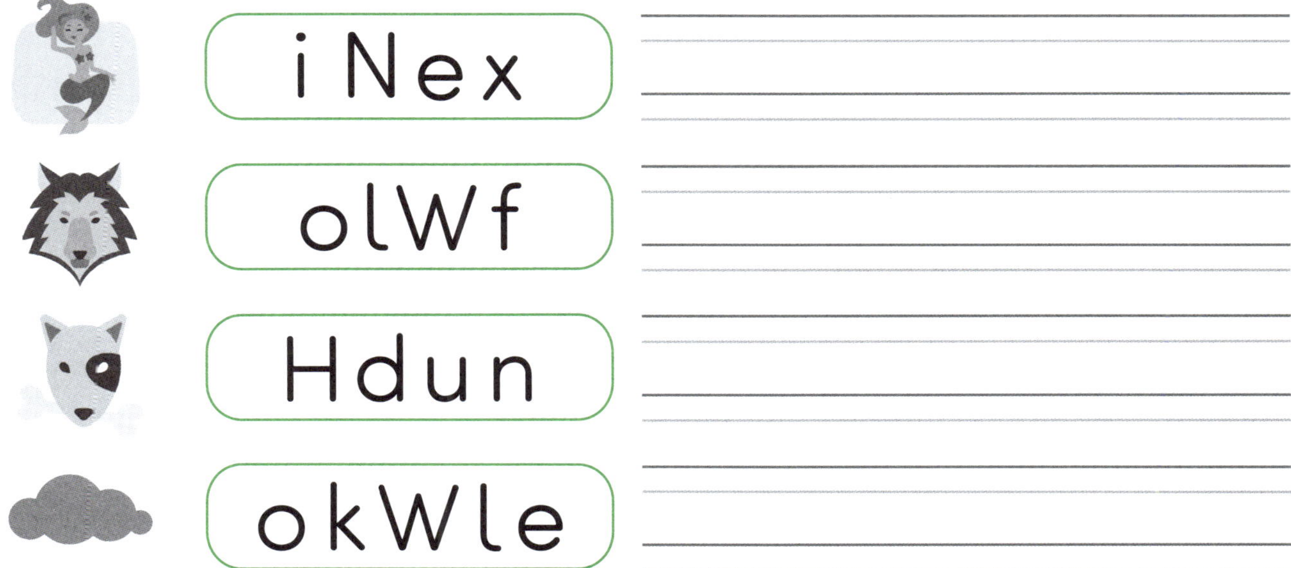

1 Spure nach und schreibe.

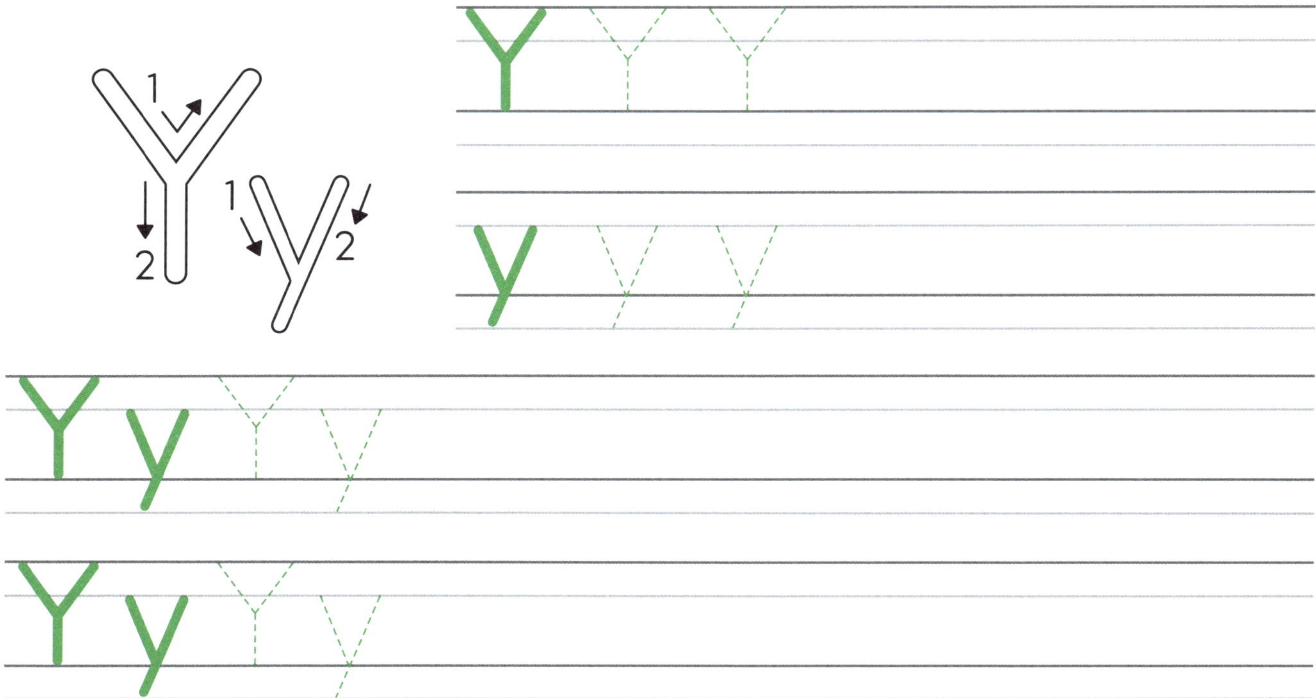

2 Male den Buchstaben Yy aus und rahme die Bilder ein.

1 Verbinde und rahme die Bilder rot oder grün ein.

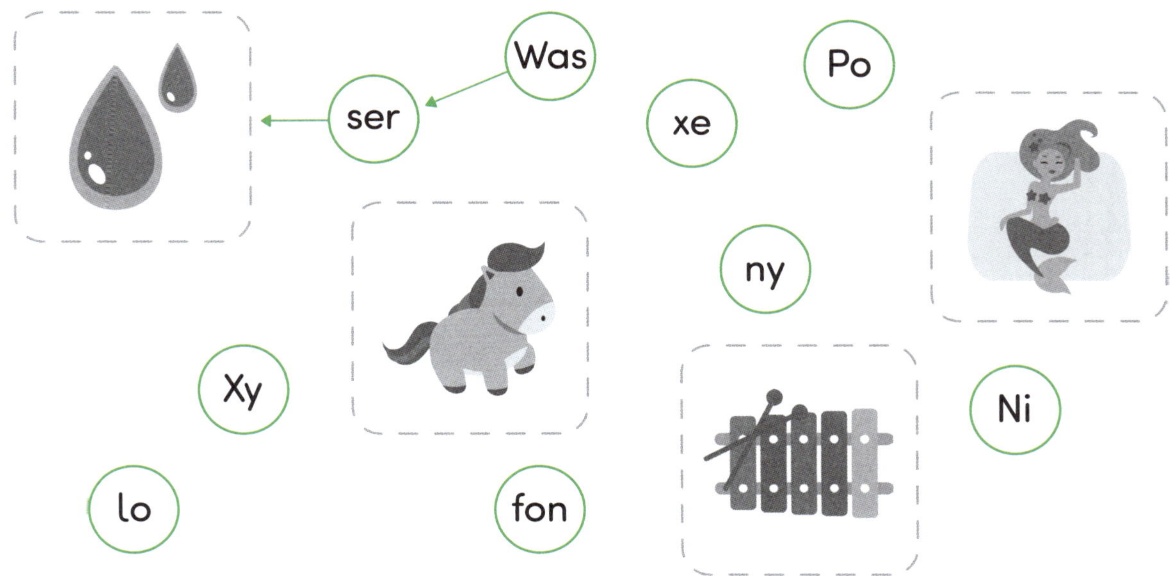

2 Löse das Kreuzworträtsel.

1 Spure nach und schreibe.

2 Male den Buchstaben Z aus und rahme die Bilder ein.

1 Verbinde die Bilder und die Buchstaben.

2 Vervollständige das ABC.

___ b ___ ___ e ___ ___ h ___ ___ k ___ ___

n ___ ___ q ___ ___ t ___ ___ w ___ ___ z

3 Finde 6 Wörter und markiere sie.

S	T	O	M	I	E	H	H
Z	I	T	R	O	N	E	A
P	B	A	G	E	C	L	Y
O	N	N	I	X	E	P	A
N	T	A	N	N	E	N	K
Y	F	K	M	Z	E	L	T
R	X	Y	L	O	F	O	N
L	E	P	W	U	D	V	E

1 Spure nach und schreibe.

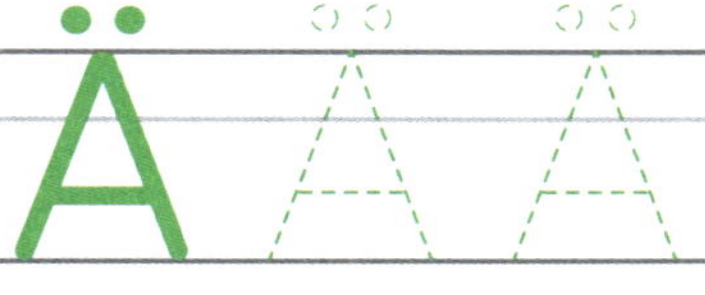

2 Male den Buchstaben Ää aus und rahme die Bilder ein.

die Äpfel

das Känguru

1 Spure nach und schreibe.

2 Male den Buchstaben ö aus und rahme die Bilder ein.

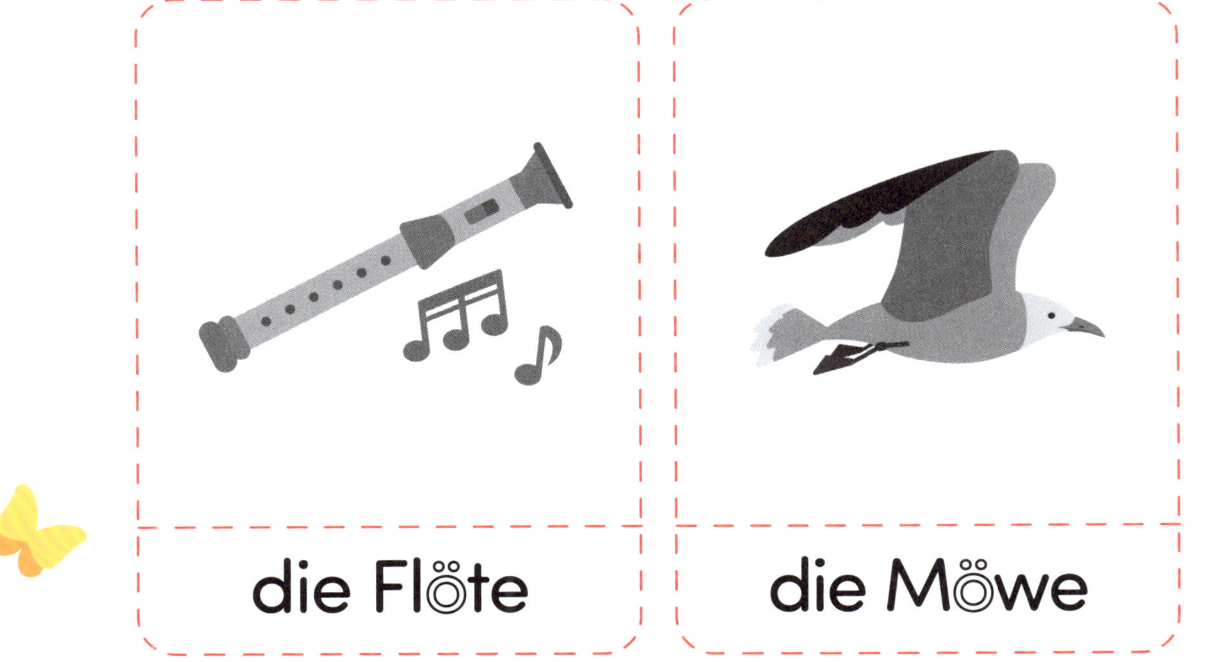

1 Spure nach und schreibe.

2 Male den Buchstaben ü aus und rahme die Bilder ein.

1 Verbinde die Bilder und die Buchstaben.

2 Ergänze die Buchstaben ä, ö, ü.

3 Lies das ABC.

Gut gemacht!